AF397230

KÄNSLOSAM

Dikter

Ella Lindberg

Innehåll

Inte den enda

Jag är inte den enda som ibland
känner mig orolig, nedstämd,
uppgiven eller irriterad.

Det är säkert massor av folk i världen
som ibland känner som jag.
Det är säkert många i världen
som känner sig oroliga, nedstämda,
uppgivna eller irriterade just i dag.

Känslornas hav

Känslor är som vatten,
som havets vågor.
De sköljer över mig
med minnen och frågor.

Men de är bara vågor
som kommer och går,
de behöver inte styra
över hur jag mår.

Känslor är som vågor
om jag håller dem kvar
kan det börja storma
på mitt inre hav.

Men de är bara vågor
som kommer och går,
de behöver inte styra
över hur jag mår.

Känslor

Känslor,

om ni var mina vänner skulle jag

välkomna er, acceptera er, lyssna till er,

försöka förstå er, trösta er,

men inte låta mig styras av er,

inte låta mig påverkas för mycket av er.

Kanske borde jag försöka

behandla mina känslor

som om de var mina vänner.

Viktiga känslor

Känslor kan vara viktiga att lyssna till.

De kan berätta vad man vill

eller vad man inte vill,

så det är inte alltid bra att ignorera dem.

Ibland behöver man lyssna mer till dem.

De kan ha något viktigt att berätta,

till exempel vilket val som är det rätta.

Känslor kan vara viktiga att lyssna till.

De kan berätta vad man vill

eller vad man inte vill.

Känslig

Jag förstår om jag ibland känt mig ledsen,
jag förstår om jag ibland känt mig orolig,
jag förstår om jag ibland känt mig arg,
men jag önskar att jag inte var så känslig,
att jag var starkare känslomässigt,
att jag kunde strunta i vissa saker,
ha lättare att släppa taget om andras kritik,
inte ta det så personligt som jag ofta gjort.
Jag önskar att jag inte var så känslig.

Som moln på himlen

15

Något händer. Tolkar det negativt.

Jobbiga känslor inombords.

Väljer att reagera

eller låter känslorna passera,

som moln på himlen.

Tankar och känslor

Ibland tar jag kanske mina tankar

på för stort allvar.

Ibland tar jag kanske mina känslor

på för stort allvar.

Istället borde jag ibland bara

lyssna till tankarna,

känna känslorna,

och konstatera att

nu tänker jag de här tankarna

eller nu känner jag den här känslan.

Försöka se dem lite mer objektivt,

som en betraktare av mitt inre.

Inte låta mig styras av dem

ifall de påverkar mig negativt.

Ta över rodret på skeppet

och styra över havets vågor.

Tankar

Tankar, tankar,
besvärande tankar,
ni som surrar
som envisa flugor
i mitt huvud
och underkuvar er min vilja,
varför plågar ni mig så?
Jag har aldrig
välkomnat er
och bett er att stanna.
Ändå så har ni
kommit till mig
och slagit er ned
och vill inte ge er av.
Ni ovälkomna tankar
som underkuvar er min vilja
nu ber jag er att gå.

Grubblerier

Någon sa något kritiskt.
Någon tittade knappt på mig.

Rutiner, rutiner, rutiner, rutiner.
Stress, bitterhet, oro, nedstämdhet.

På nyheterna tjatar de om klimat och krig,
ibland så tjatar de om virus och vaccin.

Rutiner, rutiner, rutiner, rutiner.
Stress, bitterhet, oro, nedstämdhet.

Men jag borde försöka tänka positivt,
att tänka negativt mår man inte bra av.

Slösat tid

Har slösat så mycket tid
på att grubbla över
saker folk har sagt
i det förflutna.

Har slösat så mycket tid
på att oroa mig över
eventuella problem
i framtiden.

Istället borde jag
ha försökt grubbla mindre,
ha försökt oroa mig mindre,
och varit mer i nuet,
den enda tid man har.

Säga ifrån till sig själv

Ibland behöver man säga ifrån till sig själv
när man tänker för negativt om sig själv,
när man tänker för negativt om andra,
när man tänker för negativt om det mesta,
då kan man behöva säga ifrån till sig själv.

Ibland borde jag säga till mig själv:
sluta tänka så negativt, det räcker nu,
jag mår inte bra av att tänka så negativt,
det gör mig bara nedstämd,
det gör mig bara irriterad,
det gör mig bara orolig,
det gör mig bara uppgiven.

Oroskänsla

Oron sitter i min mage

som ett förskräckt litet barn.

Gråtande, snyftande,

sparkande, skrikande.

Det vill ha kärlek, vill ha närhet,

vill ha trygghet, vill ha glädje.

Det kryper förtvivlat ihop

och jag kan inte trösta det.

Jag känner mig bara

förtvivlad och förskräckt,

precis som det där inre barnet.

Samtal med oron

Oro, har du något att säga mig?

Är det något jag kan göra för dig?

Är det något jag behöver veta,

kanske något jag behöver bearbeta?

Är det någon jag behöver förlåta,

kanske tårar jag behöver gråta?

Är det något du vill att jag ska göra,

kanske säga tröstande ord du vill höra?

Tänker jag tankar jag kan behöva ändra?

Är det något jag kan behöva förändra?

Mitt riktiga jag

Är jag mitt riktiga jag

när jag är arg

eller när jag är ledsen

eller när jag är orolig

eller när jag är glad

eller är alla mina känslor

en del av mitt riktiga jag?

Om jag bara är arg ibland

varför skulle då min ilska

vara mitt riktiga jag?

Om jag ofta är lugn

borde inte det där lugnet

hellre vara mitt riktiga jag?

Kanske är jag bara känslosam.

Kanske är jag ett spektrum

av olika känslor.

Efteråt

Jag hoppas de inte såg
hur arg jag blev på dem.
Jag hoppas de inte hörde
mina arga ord.

Just då, när jag var arg,
ville jag att de skulle
se hur arg jag blev
och höra hur arg jag blev.

Men nu, när jag inte är
så där arg längre,
så hoppas jag att de inte såg
hur arg jag blev på dem
eller hörde mina arga ord.

Och om de såg och hörde
så hoppas jag de förlåter mig.

Samtal med ilskan

Ilska, jag förstår dig,
de borde inte ha sagt
orden som de sa
men du straffar inte dem,
du straffar mig,
och att straffa sig själv
för det andra gjort
är inte bra.

Kanske vill du hjälpa mig,
sätta tydliga gränser,
hjälpa mig må bra,
men när du dyker upp,
när jag lyssnar till dig,
tjatar du bara om
trista, kritiska saker
som någon sa.

Ibland

Ibland när någon betett sig på ett sätt
som jag har svårt att tolerera
så vill jag säga ifrån
om det jag inte kan acceptera.

Ibland när någon kritiserat mig
så borde jag tänka på
att inte sänka mig
till den andres beteendenivå.

Ibland borde jag försöka förstå
någon annans perspektiv.
Det kan vara lättare att förlåta
om man försöker vara objektiv.

Ibland borde jag fråga mig

om jag tolkat situationen rätt.

Kanske har jag tolkat den

på ett alltför negativt sätt.

Säga ifrån

Jag tog risken
att göra dig ledsen,
att göra dig arg,
genom att säga ifrån,
säga hur jag kände,
säga att ditt beteende
var lite tråkigt,
för det gjorde mig ledsen,
det gjorde mig arg.

Förlåt

Förlåt

för min ärlighet,

för att jag sa

vad jag kände

om ditt beteende,

hur det påverkade mig,

även om du inte

menade något illa,

även om du inte

ville såra mig,

så gjorde det mig arg,

så gjorde det mig ledsen.

Förlåt

för att jag till slut

blev less på det,

för att jag tyckte

att det räckte.

Ankor och tvättsvampar

Vissa människor
är som ankor:
kritik rinner av dem
som vattnet på ankans fjäderdräkt.

Andra människor
är som tvättsvampar:
de suger åt sig kritik
som tvättsvampen som fylls med vatten.

Varför kan jag inte vara mer som en anka?

Bräckliga

Vissa föds extra bräckliga,
som bräckligt glas.
De tål inte vad som helst,
kan lätt gå i kras.
Om de går sönder
kan de gå att laga
men de kan ha fått sprickor
som gör dem extra svaga.

Skräpsamlare

Jag samlar på skräp,

bär runt på skräp,

skräp som andra gett mig

i form av ord:

kritiska ord,

nedvärderande ord.

Jag tog emot skräpet

och behöll det

även om det var skräp.

Ibland tar jag fram skräpet,

betraktar det ingående,

analyserar det noga

och undrar varför

jag fick det där skräpet.

Ibland påminner jag någon

om att de har gett mig skräp

och ber dem förklara varför.

Då kanske de blir irriterade.

De vill inte påminnas om

att de har gett mig skräp.

Kanske bar de på skräp

som de ville bli av med.

Kanske visste de inte

att jag skulle ha svårt

att göra mig av med

deras skräp.

Vissa ord

Ibland tänker jag på vissa ord
som har sårat mig
och på de människorna
som har sagt dem till mig.
Jag tänker på orden
och sårar mig själv med dem.
Jag tänker på dem som sa orden
och har svårt att förlåta dem.

De var inte mina ord
men de handlade om mig.
De var inte mina ord
men jag lät dem såra mig.
De var inte mina ord
men jag har ändå behållit dem.
De var inte mina ord
men jag tänker ibland på dem.

Irritation

Vaknade ur en dröm,
fick morgonbesök
av andras ord, kritiska ord,
och egna tankar, irriterade tankar.
Tog fram papper och en penna.
Skrev ner orden, skrev ner tankarna.
Efter ett tag försvann de;
som en skock fåglar.
Vid lunchtid tänkte jag på orden.
De hade försvagats,
var närmast obetydliga.
De påverkade mig inte
som på morgonen.
Jag kände mig lugn.
Min irritation var borta.
Jag kunde kasta bort pappret
som hade hjälpt mig att släppa
mina irriterade tankar.

Jobbiga ord

Ibland har jag haft svårt
att släppa vissa ord,
de bara dyker upp ibland,
även om jag vill slippa dem.
Vissa ord har sådan kraft
att ursäkter kanske inte hjälper,
och inte förklaringar heller.
Men de påverkar mig inte längre
lika mycket som de brukade göra.
Kanske har jag börjat inse
att de egentligen bara är andras ord
och att de inte behöver vara sanna.

Förlåtelse

Förlåtelse kan vara
att ge sig själv
en kärleksfull gåva.

Förlåtelse kan vara
att befria sig själv
från ilskans fängelse.

Förlåtelse kan vara
att frigöra sig
från tråkiga minnen.

Förlåtelse kan vara
att öppna sig
för kärlek och glädje.

Andras ord och mina ord

Om andras ord kan påverka mig,
få mig att känna mig bra
eller få mig att känna mig dålig,
få mig att känna mig omtyckt
eller få mig att känna mig avvisad,
då kan ord jag säger till andra
säkert påverka dem på olika sätt.
Jag försöker vara trevlig mot andra
men borde nog ändå tänka mer på
vilka ord jag väljer att använda,
särskilt när jag är missnöjd över
något som andra gör eller säger.

Ordens kraftfullhet

Vad du än tror om ord
tvivla aldrig på deras kraftfullhet.
De kan hålla dig bunden i det som var
eller få dig att känna dig älskad och fri.
Ord kan stanna hos dig länge,
kanske i månader eller i flera år.
De kan framkalla ilska och gråt
eller få dig att skratta och le.
Dina ord kan påverka
andras uppfattning om dig
och det som andra säger till dig
kan påverka vad du tycker om dem.
Ord kan få dig att frukta framtiden
eller inge dig hopp om en bättre dag.
Om du känner dig vilse
kan ord hjälpa dig finna vägen.

Val av uppmärksamhet

Om jag någon dag
träffar en person som kritiserar mig
kan det få mig att bli ledsen eller upprörd
även om jag kanske samma dag
träffat flera andra personer
som varit trevliga mot mig
och kanske gett mig komplimanger.
Jag verkar fokusera för mycket
på de som är kritiska mot mig
och bortse från alla de personerna
som är trevliga mot mig.
Kanske beror det på
att jag tar åt mig av kritiken,
låter den påverka mig,
även om den är dåligt framförd,
även om den inte stämmer.

Jag borde fokusera mindre

på de personer som är kritiska,

särskilt om kritiken inte stämmer,

och fokusera mer

på de personer som är trevliga

och på deras komplimanger.

Viktigt

42

Om någon säger något kritiskt till dig

behöver det inte betyda att du är hemsk.

Det kan betyda att den som kritiserade dig

har lätt för att kritisera och fördöma

istället för att uppmuntra och berömma.

Kritiska folk

Kanske finns det folk
som har lätt att kritisera andra.
De kanske mår bättre själva
av att kritisera andra.

Kanske finns det folk
som har lätt att kritisera sig själva.
De kanske har så dålig självkänsla
att de har lätt att kritisera sig själva.

Kanske finns det folk
som sällan kritiserar andra
eller sig själva.
De kanske har så bra självkänsla
att de inte behöver kritisera andra
eller sig själva.

Jag borde försöka

Jag borde försöka acceptera
att det finns människor
som har lätt att fördöma andra,
som har lätt att kritisera andra.
När jag träffar på dem,
som har lätt att fördöma andra,
som har lätt att kritisera andra
så borde jag försöka
att inte känna mig så dålig
på grund av deras kritiska ord
som är en del av deras beteende,
deras fördömande beteende.

Även om...

Även om jag vill slippa bli kritiserad,

vill slippa bli nedvärderad av andra

kan jag ibland ha lätt

att kritisera mig själv,

att nedvärdera mig själv.

Även om jag vill bli accepterad,

vill bli uppskattad av andra,

kan jag ibland ha svårt

att acceptera mig själv,

att uppskatta mig själv.

Antaganden

Ibland var jag orolig
att folk fördömde mig
även om jag inte kunde veta
vad de tänkte om mig.
Det jag däremot kunde veta
var att jag antog att de
var fördömande personer
och att jag antog att jag
var en så dålig person
att de fördömde mig.

Orealistisk övertygelse

Att vara övertygad om
att andra fördömer en
är kanske att ge sig själv
för stor betydelse
för andra människor
som kanske ofta
har fullt upp med sig själva
och kanske också tänker
att andra fördömer dem.

Logik och känsla

Logiskt:
andras beteende bestämmer inte
om jag är bra eller dålig.

Känslomässigt:
andras uppmärksamhet
och andras uppskattning
kan få mig att känna mig bra.
Om andra ignorerar mig
och om andra kritiserar mig
kan det få mig att känna mig dålig.

Logiskt:

mitt beteende bestämmer inte

om andra är bra eller dåliga.

Känslomässigt:

min uppmärksamhet

och min uppskattning

kanske kan få någon annan

att känna sig bra.

Om jag ignorerar någon

eller om jag kritiserar någon

kanske det kan få någon annan

att känna sig dålig.

Jag borde förklara mig

Varför sa jag det jag sa förut?

Nu går det inte att ta tillbaka.

Det går inte att radera ut.

Hur kunde jag vara så taktlös?

Ibland borde jag vara tyst.

Varför sa jag det jag sa förut?

De kunde tolka det som kritik.

De kunde tycka att jag är konstig.

Jag borde förklara mig.

Jag borde ursäkta mig.

Varför sa jag det jag sa förut?

Jag ville bara få svar på en fråga.

Jag ville bara samtala om något.

Just då tänkte jag inte på

att det jag sa kunde tolkas negativt.

Varför sa jag det jag sa förut?

Nu ångrar jag det jag sa.

Men det går inte att sudda ut.

Jag borde förklara mig.

Jag borde ursäkta mig.

Bekräftelsebehov

Grubblar för mycket

över vissa saker andra har sagt

och vissa saker jag har sagt.

Kanske har för stort bekräftelsebehov.

Vill inte bli kritiserad av andra.

Vill bli uppskattad av andra.

Kanske är för krävande.

Kräver kanske för mycket av andra.

Kräver kanske för mycket av mig själv.

Behöver lite överseende mot andra.

Behöver lite överseende mot mig själv.

Kanske behöver bekräfta mig själv.

Motsägelsefulla krav

Säg så, säg inte så,

prata mer, prata mindre,

ta plats, vänta på din tur,

var ordningsam, var inte så pedantisk,

var sparsam, var inte så snål,

tänk på dig själv, var inte en egoist,

var arbetsam, gör inte för mycket,

ta beslut, låt andra få bestämma,

säg ifrån, var inte så känslig,

ta det lugnt, skynda på,

var dig själv, var som andra,

var hjälpsam, hjälp inte för mycket.

Underkänd

Var artig. Var omtänksam.
Tänk på andra. Var inte så egoistisk.

Försöker anpassa mig till normer,
bli godkänd.

Inombords duger jag inte,
trots allt.

Acceptera mig!
Acceptera mig!

Försöker,
men ändå blir jag underkänd.

Självplågeri

Vill inte bli nedvärderad
men nedvärderar mig själv.

Vill slippa höga krav
men ställer höga krav på mig själv.

Vill bli lyssnad till
men lyssnar inte alltid till mig själv.

Vill bli bekräftad
men bekräftar sällan mig själv.

Vill bli accepterad
men accepterar inte mig själv.

Förväntningar

Det kan vara svårt

att alltid leva upp till

alla andras förväntningar

på hur man borde vara.

Det kan vara svårt

att alltid leva upp till

sina egna förväntningar

på hur man borde vara.

Ibland blir jag besviken

när andra inte beter sig

på det sätt som jag

skulle vilja att de gjorde.

Ibland blir jag besviken

när jag inte beter mig

på det sätt som jag

skulle vilja att jag gjorde.

Kanske skulle jag

kunna bli lite lyckligare

om jag hade lägre förväntningar

på andra och på mig själv.

Frustration

Låtsas att allt är bra.

Inombords skriker jag.

Skriker av frustration

över felaktiga val.

Jag har svikit mig själv.

Jag har svårt att komma över det,

svårt att acceptera det.

Låtsas att jag är glad.

Inombords gråter jag.

Gråter av bitterhet

över felaktiga val.

Jag har svikit mig själv.

Jag kan inte ändra mina förflutna val,

kan inte ändra det som var.

Jag borde ha lyssnat till mig själv.

Jag borde lyssna till mig själv.

Förståelse

Har ibland lätt att bli bitter
över vissa val jag gjort.
Hade för lite eftertanke,
tog beslut för fort.

Borde ha mer förståelse
för den jag var förut
och förståelse för varför
jag tog vissa beslut.

Självförnekelse

Jag har ofta ställt upp för andra,
men inte så ofta för mig själv.
Jag har svikit mig själv många gånger,
lovat mig själv saker som jag inte hållit.
Jag har ofta ignorerat mina egna behov,
alltför sällan tagit mig tid för mig själv.
Jag har lyssnat för mycket till andra
och lyssnat för lite till mig själv.
Jag har försökt bli godkänd av andra,
förnekat mig själv att vara mitt bästa jag.

Ett viktigt möte

Jag har inte tid i dag.

Jag har ett viktigt möte med mig själv.

Behöver låta mig själv vara lite kreativ,

fylla på min inre glädje och energi.

Jag har inte tid idag.

Jag har planer som jag inte vill ändra.

Om jag inte låter mig vara lite kreativ

så blir jag besviken på mig själv.

Visa att man är smart

Jag vill visa att jag kan.

Jag vill visa att jag vet.

Han kanske också

vill visa att han kan,

vill visa att han vet.

Kanske vill han visa

att han kan mer än jag kan,

att han vet mer än jag vet.

Ibland kanske jag vill visa

att jag kan mer än andra kan,

att jag vet mer än andra vet.

Kanske vill jag visa

att jag är ganska smart

och slippa uppfattas

som en osmart person.

Olika åsikter

Jag tycker om viss musik,
någon annan kanske tycker
att den musiken inte är bra
men det betyder inte
att den andre har rätt,
att låtar som jag lyssnar på
inte är bra musik,
det betyder bara
att vi har olika åsikter
när det gäller musik,
och det är okej
att tycka om olika sorters musik
och jag har rätt att tycka om
den musik som är bra
enligt mig.

Känna sig förbisedd

Du talar till en av de andra

men inte till mig.

Varför beter du dig

som om jag inte är här?

Vill du visa att jag

inte är en del av gruppen?

Vill du få mig att känna mig oviktig?

Men jag är här och jag är viktig.

Även om du ignorerar mig är jag ändå här.

Även om du ignorerar mig är jag viktig.

Kanske menar du inte att såra mig.

Ni kanske har känt varandra länge.

Egentligen är jag väl inte riktigt

en del av gruppen,

men kanske kan jag bli det en dag,

en av alla i er gemenskap, i er grupp,

om jag stannar tillräckligt länge

kanske jag blir en del av er gemenskap.

Lyssna och prata

Jag har varit tyst så ofta,
lyssnat till andra så ofta,
ibland känt mig utanför,
så det kanske inte är konstigt
om jag vill prata mer själv,
vill att andra ska lyssna till mig,
slippa känna mig utanför.

Vågar jag vara mig själv?

Vågar jag vara den jag är
tillsammans med dig?
Skulle du acceptera mig
eller skulle du avvisa mig?

Vågar du vara den du är
tillsammans med mig?
Skulle jag acceptera dig
eller skulle jag avvisa dig?

Kan jag känna mig trygg med dig?
Kan du känna dig trygg med mig?

Avvisad

Om någon avvisar dig

behöver du inte avvisa dig själv.

Det kan vara värre att avvisa sig själv

än att bli avvisad av någon annan.

Behov av uppmärksamhet

Ibland vill jag vara snäll,

ta mig tid att prata med andra

ifall de känner sig ensamma,

ge andra av min uppmärksamhet,

men kanske är det jag

som behöver deras uppmärksamhet

mer än de behöver min.

Att ge och få

Om man ger uppmärksamhet
kan man få uppmärksamhet.
Om man ger uppskattning
kan man få uppskattning.

Och ibland kanske man bara ger
uppmärksamhet och uppskattning
utan att förvänta något tillbaka.

En av de andra

Jag vill bli sedd och uppskattad
av andra.
Tänk om folk jag träffar
också vill bli sedda och uppskattade
av andra.
Tänk om jag är en av de andra
för någon annan
som vill bli sedd och uppskattad
av mig.
Kanske borde jag inte bara
vänta på
att bli sedd och uppskattad
av andra
utan även försöka
se och uppskatta
andra.

Mina egna tankar

Istället för att grubbla över

vad andra kan tänka om mig,

borde jag fokusera mer på

vad jag tänker om mig själv

och vad jag tänker om andra.

Det kan vara lättare för mig

att påverka mina egna tankar

om mig själv och om andra

än att påverka vad andra tänker

om mig och om andra.

Avvikande

Jag kan avvika från mängden ibland,
men inte helt och hållet.
Jag är en människa, precis som andra.
Jag har känslor, precis som andra.
Vissa folk som säger trista saker
kanske inte tänker på det,
på att andra människor har känslor.

Jag kan avvika från mängden ibland,
men det är jag inte ensam om.
Det finns många människor på jorden
som också avviker från mängden.
När jag känner mig sämre än andra
borde jag kanske tänka på det,
på att många kan avvika från mängden.

Jag kan avvika från mängden ibland,

men alla människor är unika.

Även de som liknar varandra

är enskilda och unika individer.

Det skulle nog vara tråkigt

om alla var precis likadana

och ingen avvek från mängden.

Målning i grått

Varför målar jag ibland mig själv

i sådana mörka färger?

Har jag så lätt att förneka

min palett med pasteller?

Ibland förminskar jag mig själv

till en skala i grått

även om jag är så mycket mer,

så många andra färger.

Min målning i grått

är bara en del av mig.

Inte perfekt

Jag är inte perfekt
men jag kunde vara värre.
Jag kunde intala mig själv
att jag är bättre än alla andra.
Jag kunde gå runt och fördöma
alla andra i min omgivning
som inte var så perfekta.
Jag är inte perfekt
och jag låtsas inte vara det.

Att vara perfekt

Hur är man om man är perfekt?
Är det att vara sitt bästa jag?
Jag kan inte vara mitt bästa du.
Bara du kan vara ditt bästa du.
Jag kan försöka vara du,
men då avvisar jag mig själv.
Jag kan bara vara mitt bästa jag
om jag vågar vara mig själv.
Bara jag kan vara mitt bästa jag.

Utmaning

F ö r s ö k e r utMAna Mig Själv.

           allllt behöver INTE vara så
perfekt!

Det jag SKRIVER behöver INTE vara så
              perfekt.

Och VEM bestämmer VAD som är
PERFEKT?

KANSKE denna TEXT kan VARA
precis som DEN ÄR.

Självkritiska tankar

Varför sa jag det jag sa?

Varför blev det inte bra?

Varför misslyckades jag?

Varför är jag ibland så svag?

Jag är ibland så självkritisk,

dömer mig själv så lätt.

Önskar ibland att jag handlat

på ett helt annat sätt.

För mycket självförebråelse.

För lite självförståelse.

Erkänner sällan det jag gjort bra.

Berömmer sällan mig själv.

Borde stå upp till mitt försvar

mot mina fördömande tankar.

Det är okej...

Det är okej

att se ung ut för sin ålder.

Det är okej

att bli less på matlagning.

Det är okej

att slösa tid framför tv: n.

Det är okej

att vara orolig för klimatkrisen.

Det är okej

att känna sig nedstämd ibland.

Jag duger

Ensam bland andra, ofrivilligt ensam.
Rädd att visa mig som den jag är.
Tänk om jag inte duger då?
Bättre att hålla avståndet,
bygga upp en mur.
Men längtar ändå efter
att bli sedd och accepterad.

Kanske måste jag själv
se mig i spegeln och säga:
"Jag duger."

Den du verkligen är

Det känns som att komma hem,
som att möta en vän,
då man ser sig i ögonen,
ser sig själv som man är
nu och här
inte som man var
eller kan bli
utan just som man är
med alla sina brister
men också med så mycket mer
som man kanske sällan ser,
alla styrkor man kan ha glömt bort
men som kanske alltid fanns där
och bara väntade på att bli sedda
precis som hela du
kan ha väntat på att bli sedd
för den du verkligen är.

Ingen

Ingen finns det som är som jag.

Av miljontals själar finns ingen mer,

varken stark eller svag,

som är som jag.

Aldrig det funnits någonstans

min likhet i alla tider som gått,

ingen enda som fanns,

nej, ej någonstans.

Och aldrig det kommer att finnas mer,

någon som kommer att vara som jag,

vad än som sker,

aldrig mer.

Nej, ingen är helt som en annan är.

Jag tänker på det i min ensamhet,

då det hårda tär,

jag är som jag är.

Självkärlek

Här har ni mig, det här är jag.

Vill ni ha mig så, eller ska jag gå?

Jag vet inte om det är så mycket

jag kan ändra på.

Har försökt vara alla till lags,

alla utom mig själv.

Alla krav kväver min själ.

Var si, var så.

Jag måste nästan vara två.

En som gör allt för att behaga andra,

och en som gör uppror och gör tvärtemot.

Men jag vill nog inte vara någon av dem.

Bara en som säger:

"Här har ni mig, det här är jag.

Vill ni ha mig så, eller ska jag gå?

Jag vet inte om det är så mycket

jag kan ändra på."

Ensamhet

Att vara ensam
kan ibland kännas okej.
Att känna sig ensam
kan vara väldigt tråkigt.

Ibland har jag känt mig ensam
även om jag inte varit det.
Ibland har jag känt mig ensam
när jag varit osams med någon.
Krupit ihop för mig själv,
bedrövad och ångestfylld.
När vi blev sams igen
försvann ensamhetskänslan.

Konstigt

Egentligen är det lite konstigt
att folk kan vara ensamma,
att folk kan känna sig ensamma,
när det finns så många människor,
miljontals av människor på jorden,
och ändå kan folk vara ensamma,
ändå kan folk känna sig ensamma.

Vänner

Jag har en vän.
Vi träffas ibland.
Vi har långa samtal med varandra.

Jag träffar många människor.
Jag samtalar med många människor.
Men bara en av dem är min vän.

I dag insåg jag
att många av dem som jag träffar,
många av dem som jag samtalar med,
skulle kunna bli mina vänner.
På något sätt
kanske de redan är mina vänner.

Avsked och saknad

Det hände att jag grät

när tåget hade lämnat stationen.

Nyss hade jag kramat mina föräldrar.

Från tåget vinkade jag till dem.

Nu var de nog på väg till sin bil.

Nu var jag på ett tåg på väg från dem.

Varje mil förde mig längre bort från dem.

Det hände att jag grät

när jag tänkte på mina föräldrar.

Jag tänkte på att de var så långt borta.

Jag tänkte på mil och timmar mellan oss.

Men efter ett tag blev jag på bättre humör.

Kanske för att jag kunde ringa till dem.

Kanske för att jag tänkte på annat.

Allt blir bra

När jag var riktigt ledsen
kunde det kännas
som om det aldrig
skulle bli bra igen.
Men sedan blev det bra,
i alla fall.
Jag hoppas jag kommer ihåg det
nästa gång jag blir så där ledsen,
att allt blir bra igen.

Ett enda litet ord

Ibland när jag varit ledsen
räckte det att någon sa hej till mig
för att jag skulle bli mindre ledsen.

Tänk att ett enda litet ord
ibland kan betyda så mycket.
Ibland kan ett enda litet ord
lysa upp någons mörka tankar.

Stress

Tider att passa. Rutiner att följa.

Folk kör omkring i sina bilar

och cyklar med sina cyklar,

på väg från något, på väg till något.

De hinner knappt stanna upp

och titta på blommorna.

De hinner knappt stanna upp

och titta på stjärnorna.

Och i närheten av husen står träden,

med rötterna fast rotade i marken,

medan människor stressar förbi dem

på väg från något, på väg till något.

Längtan

Det bästa har inte kommit,
det väntar jag ännu på.
Alltid detta väntande på något mer,
denna längtan utanför vår kontroll,
detta sökande efter lyckan,
som kanske, vem vet,
alltid gömmer sig i nuet.

Det som är

Detta ögonblick,
detta nu,
är allt jag har,
allt annat
är utom räckhåll,
borta i dimman,
i dunkla slöjor
och endast denna stund
står i klarhet,
underbar.
Den flydda sekunden
finns inte mer
i mina händer,
och det som kommer
ska också bli nu,
och försvinna
utom räckhåll för mig.

Detta som är

och omsluter mig

är allt som jag har,

min ständiga följeslagare.

Om än jag flyr

i drömmar

om flydda dagar

och kommande år

så är det ändå alltid

i nuet som jag går.

De små sakerna

Tänk att jag vandrar på jorden nu
och kan uppleva så mycket här:
se skönheten hos en utslagen hibiskus,
känna doften från syrenbuskarna,
höra ljudet av koltrastens sång
och känna min älskades hand i min.

Jag borde vara tacksam för
alla de små sakerna
som egentligen inte är så små.

Denna dag

Denna dag är en gåva
som lagts i din hand,
ett oskrivet blad,
ett oupptäckt land.
Den välkomnar dig
med sin vidöppna famn
där du styr som en båt
mot en okänd hamn.

Valdag

I dag är det valdag.
Varje dag är en valdag.

Jag kan välja att:
vara glad
eller ledsen,
acceptera
eller förändra,
vara tacksam
eller krävande,
vara förlåtande
eller fördömande,
leva i det som var
eller i det som är.

Jag kan välja att hålla kvar

mina mörka kraxande fåglar

eller släppa ut dem

från mitt medvetandes bur.

Jag kan välja att älska mig själv

och vara min egen bästa vän.

Jag kan välja att visa omtanke

för någon jag möter i dag.

Valmöjligheter

Ska jag fortsätta gå
samma spår som jag går?
Ska jag fortsätta må
så illa som jag mår?
Ska jag fortsätta så
de bittra frukter jag sår?
Ska jag någonsin nå
dit mina drömmar når?

Kanske kan jag gå
en annan väg än jag går.
Kanske kan jag må
bättre än jag mår.
Kanske kan jag så
godare frukter än jag sår.
Kanske kan jag nå
dit mina drömmar når.

Beslutsamhet

Jag kliver ur smärtan.

Tar av mig mitt svarta täcke av förtvivlan.

Tar av mig mina mörka glasögon.

Vill inte prata mer om trista saker.

Vill inte gå efter samma vägar.

Jag vill ändra mina tankar.

Jag vill våga tro på mig själv.

Jag vill vara självständig.

Jag vill vara fri.

Blommor och sång

Jag väljer nu att tänka
andra tankar än jag tänker.
Jag väljer nu att känna
andra känslor än jag känner.

Jag väljer hopp och tillit.
Jag väljer "Det var en gång..."
Jag väljer kärlek och glädje.
Jag väljer blommor och sång.